AF523964

Ein Hauch von Syrien

Aramäische Küche vorgestellt von

Atiya Gaorihe und Ute Winges

E. Reinhold Verlag

Inhalt

Vorwort

Mehr als alles achte auf dein Herz,
denn von ihm geht Leben aus.
Sprüche 4,23

Für unsere Familien und Freunde

Zeit ist Leben. Nahrung ist Genuss und Lebenskraft. Dieses Buch lädt dazu ein, mit Dankbarkeit und Freude naturbelassen nach aramäischer Kultur gesund und abwechslungsreich zu kochen.
„Zu viel", „zu schnell", „ zu oberflächlich" führt nicht zu wahrer Lebensqualität, sondern zu vorzeitiger Alterung, dem Herzinfarkt als Zivilisationstod Nummer 1, Metabolischem Syndrom oder Depressionen.

Begeben Sie sich statt dessen mitten in Mitteleuropa auf eine kulinarische Reise in den Orient! Nehmen Sie sich mit uns Zeit für diesen spektakulären Hochgenuss. Die Rezepte sind für 4 - 6 Personen erstellt worden. Essen mit Freunden erhöht den Effekt - und die traditionelle orientalische Gastfreundschaft ist ja bekannt.

Als Mitteleuropäer in der aramäischen Küche zu stöbern und mit typischen Gewürzen zu experimentieren, fühlt sich an, als läse man die Geschichten aus 1001 Nacht. Trotzdem ist das, was auf den folgenden Seiten zu finden ist, kein Märchen, und es bedarf auch keiner Zauberei, um auf dem heimischen Herd einen Hauch von Syrien zu erzeugen. Die Zutaten und Gewürze zu bekommen stellt heutzutage kein Problem mehr dar - und der nächstgelegene orientalische Feinkostladen hilft sicher gern, wenn es doch mal ein Problem mit der Beschaffung bestimmter Substanzen gibt.

Wir wünschen Ihnen viel Freude beim Zubereiten und natürlich beim Genuss der Speisen!

Ute und Atiya mit Helferin Lisa

Herbst 2017

Fatusch

ARABISCHER GEMÜSESALAT

vegetarisch | 4–6 Personen | Zubereitungszeit: ca. 20 min

Zutaten
½ Eisbergsalat
½ Gurke
4 Tomaten
3 Lauchzwiebeln
1 Bund Petersilie, glatt
2 Paprika
150 g Feldsalat
1 Bund frische Minze
3 Stück arabisches Fladenbrot (aus dem arabischen Feinkostladen)
300 ml Rapsöl

Gewürze
½ EL Himalaya-Salz (Steinsalz)
Saft von 2 unbehandelten Zitronen
1 EL getrocknete Pfefferminze
8 EL tunesisches Olivenöl
1 Prise Knoblauch-Pulver
½ EL Sumak (Essigbaumgewürz)

Brotfladen in 2x2 Zentimeter große Stücke schneiden (Chips).

Rapsöl in offenem Topf erhitzen. Brotchips ins heiße Öl geben, unter mehrmaligem Wenden knusprig gebräunt ausbacken (ca. 5 Minuten). Chips auf Küchenpapier geben, abtropfen und abkühlen lassen.

Gemüse (gewaschen, ohne Kerngehäuse und Stielansätze) in kleine Würfel schneiden. Petersilie und frische Minze fein hacken.

Feldsalat, Minze, Petersilie, später alle Gewürze mit Gemüsewürfeln behutsam in einer großen Schüssel mischen.
Chips zuletzt unter Salat heben oder daneben in Extraschüssel reichen. Sie sollen knusprig bleiben.

Fatusch eignet sich als Vorspeise, Beilage oder als Zwischenmahlzeit.

TIPPS
Im Frühling kann man 1 Bund Radieschen hinzugeben.

Je nach Geschmack können dem Salat auch noch Fetakäse in Würfeln und/oder Oliven hinzugefügt werden.

Hommus

KICHERERBSENPÜREE

vegetarisch | 4-6 Personen | Zubereitungszeit: ca. 10 min

Zutaten
800 g Kichererbsen, püriert
5 EL weißer Naturjoghurt
5 EL Sesampaste (Tahini Extra)
½ EL Himalaya-Salz
½ EL „Kammun"-Kümmel, gemahlen
2 EL Olivenöl
nach Geschmack 3-5 Knoblauchzehen, gerieben
Saft von 2 unbehandelten Zitronen

Gewürze
frische gehackte Kräuter
Paprikapulver

Den pürierten Kichererbsen fügt man alle weiteren aufgeführten Zutaten hinzu (nur 1 Esslöffel Olivenöl verwenden!), rührt kräftig durch und würzt je nach Vorliebe mild oder kräftig pikant. Garniert wird mit dem zweiten Esslöffel Olivenöl sowie frischen gehackten Kräutern der Saison und Paprikapulver.

Als Grilldip servieren.

Tarator

HÄHNCHENBRUST MIT JOGHURT-SESAM-SOSSE

4 - 6 Personen | Zubereitungszeit: ca. 30 min

Zutaten
500 g (Bio-)Geflügelfleisch (Hähnchen- oder Putenbrust)

Für die Joghurt-Sesam-Soße:
10 EL Naturjoghurt
10 EL Sesampaste
3 - 5 Zehen Knoblauch gerieben/gepresst
ca. 10 EL Kochbrühe
Saft von 2 unbehandelten Zitronen

Gewürze
2 Stangen Zimt
4 Lorbeerblätter
3 Kardamomkerne
2 Prisen Himalaya-Salz

Das Fleisch und die Gewürze mit kochendem Wasser aufgießen und 15 Minuten zugedeckt kochen.

Das Fleisch herausnehmen, Brühe beiseite stellen und abkühlen lassen. Fleisch klein und faserig zerteilen.

Nun die Zutaten für die Joghurt-Sesam-Soße in eine große Rührschüssel geben, verrühren und anschließend das Fleisch dazugeben.

Die Hähnchen-Joghurt-Mischung vor dem Servieren kaltstellen.

Dazu werden Baguette oder orientalisches Fladenbrot gereicht.

Schorba Adaas

LINSENSUPPE

vegetarisch | 4-6 Personen | Zubereitungszeit: ca. 60 min

Zutaten
300 g rote Linsen
100 g Basmati-Reis, geschält
3 Möhren
3 Kartoffeln
200 g Erbsen oder 1 Packung Mischgemüse, tiefgefroren
Rapsöl zum Anbraten

Gewürze
1 EL Himalaya-Salz
½ EL Koriander
½ EL weißer Pfeffer

Wissenswertes
Linsen und andere Hülsenfrüchte sind starke Proteinlieferanten.

3 Liter Wasser zum Kochen bringen. Linsen und Reis mit Salz sowie Pfeffer im Topf 45 Minuten garen. Erst die Linsen ansetzen und den Reis 10 Minuten später hinzugeben.

Das ergänzende rohe Gemüse wird in einer geräumigen Pfanne mit etwas Rapsöl angebraten und dann nach der Hälfte der Garzeit den Linsen hinzugefügt. Nun wird alles gut durchgerührt und gemeinsam bei schwacher Hitze gar gekocht.

Die Suppe schmeckt lecker mit frischem Brot, gehackten Kräutern und ergänzend mit Salat der Saison. Auch eine Kombination mit Salatet Batata (S. 30) ist typisch. Eine Süßspeise im Anschluss rundet die Mahlzeit ab, beispielsweise Nmura (S. 40) oder Sokse (S. 42).

Ftaier

BLÄTTERTEIG MIT FETA

vegetarisch | 4–6 Personen | Zubereitungszeit: ca. 40 min

Zutaten
1 Packung Blätterteigplatten (12 Stück)
200 g Feta-Käse
1 Bio-Ei

Gewürze
1 EL getrocknete Minze
je ein paar Stängel frische Minze, Petersilie, Schnittlauch

Tiefgefrorene Teigplatten breit legen, auftauen lassen und halbieren.

Feta-Käse in eine geräumige Rührschüssel zerbröseln, dazu getrocknete Minze und alle weiteren fein gehackten Kräuter geben, alles verrühren.

Pro Teigtasche einen Löffel Füllung aufbringen, Platten diagonal falten und an den Rändern fest verschließen (andrücken). Die Ränder kleben besser aneinander, wenn sie vor dem Verschließen mit Eiweiß bestrichen werden. Auf vorbereitetem Backblech die Teigtaschen auslegen und mit Eigelb bepinseln.

Im vorgeheizten Backofen bei Umluft und 200 °C die Teigtaschen goldbraun backen, bis sie aufgegangen sind (ca. 20 Minuten).

Frisch aus dem Ofen schmecken diese Teigtaschen am besten, vor allem mit einem selbst zubereiteten Tsatsiki. Über alles gestreute frisch gehackte Gartenkräuter runden das Gericht ab.

Malfuf Badenjan

GEROLLTE AUBERGINEN

4 - 6 Personen | Zubereitungszeit: ca. 60 min

Zutaten
4 Auberginen
2 mittelgroße Zwiebeln
1 kg Hackfleisch vom Rind, ungewürzt
1 EL Tomatenmark
1 EL Paprikamark (aus dem arabischen Feinkostladen)
1 großer Bund frische Petersilie, glatt
3 Lauchzwiebeln
Rapsöl zum Einpinseln der Auberginenscheiben

Für die Soße:
500 g passierte Tomaten
1 EL Instantbrühe vom Huhn

Für die Beilage:
je 250 g Basmatireis und Fadennudeln
2 EL Butter
2 EL Rapsöl
½ EL Himalaya-Salz (Steinsalz)

Gewürze
1 EL Himalaya-Salz aus der Salzmühle
1 EL scharfer Paprika und/oder 1 EL Chillipulver
1 EL Baharat

Wissenswertes
Barahat ist eine Gewürzmischung aus Koriander, Paprika, Kreuzkümmel, Chili, schwarzem Pfeffer, Muskatnuss, Nelken, Kardamom und Zimt.

Die Auberginen waschen, längs in 0,5 cm dünne Scheiben schneiden, salzen (mit dem Salzstreuer der Mühle). Salz etwa 15 Minuten einwirken lassen, dann die Auberginenscheiben mit Öl einpinseln.

Backofen vorheizen, die vorbereiteten Scheiben auf zwei mit Backpapier ausgelegten Blechen ausbreiten, mit Umluft bei 220 °C 15 Minuten backen, abkühlen lassen.

Hackfleisch mit kleingehackten Zwiebeln und Lauchzwiebeln, feingehackter Petersilie, Salz, Baharat und Paprika/Chillipulver mischen.
Tomaten- und Paprikamark verrühren und unterheben, alles mit dem gewürzten Hackfleischteig verkneten, bis eine gleichmäßig rot gefärbte Masse entstanden ist.

Abgekühlte Auberginenscheiben mit je einer kleinen Portion Hackfleisch belegen, einrollen.
Röllchen eng in eine Auflaufform legen.

Darüber eine wie folgt zubereitete Soße gleichmäßig verteilen: Tomaten ggf. glatt pürieren, Instantbrühe einrühren, mit heißem Wasser sämig strecken (klümpchenfrei).

Im vorgeheizten Backofen die Roulädchen bei 220 °C Umluft ca. 25 Minuten goldbraun schmoren.

Während das Hauptgericht im Backofen gart, Beilage herstellen:

In einem großen Topf wird Butter erhitzt, darin die Nudeln anbraten, bis sie goldbraun sind (ca. 5 Minuten).

Im Anschluss den gewaschenen und abgetropften Reis dazugeben und regelmäßig umrühren, damit nichts anbrennt.

Dem Gemisch 1,5 l heißes Salzwasser hinzufügen, kurz aufkochen lassen und einköcheln, bis alle Flüssigkeit aufgesogen ist. Zuletzt 2 Esslöffel Rapsöl hinzu geben.

Kbebat

GEFÜLLTE GRIEẞTASCHEN

4-6 Personen | Zubereitungszeit: ca. 90 min

Zutaten
500 g Bulgur
500 g Hartweizengrieß
1 ½ EL Himalaya-Salz

Für die Füllung:
1 kg Hackfleisch (Bio-Rind)
6 große Zwiebeln
1 Bund frische Petersilie, glatt
2 EL Rapsöl zum Braten

Gewürze
½ EL Paprika edelsüß
½ EL schwarzer Pfeffer
½ EL gemahlener Kümmel
½ EL Paprikamark (Paste)
Gartenkräuter nach Wahl

Wissenswertes
Bulgur ist im Orient und mehr und mehr auch inzwischen in Deutschland ein beliebtes Grundnahrungsmittel, reich an Kalium, Calcium und Magnesium.

Bulgur mit 1 Esslöffel Salz und einem Glas warmem Wasser in einer Schüssel mischen und abgedeckt ca. 15 Minuten quellen lassen.
Im Anschluss wird der ebenfalls 15 Minuten gequollene Hartweizengrieß hinzugefügt und ein Teig daraus geknetet, der eine geschmeidige und plastische Konsistenz hat. Mit Esslöffel kleine Nocken abstechen, beiseite stellen.

Zwiebeln in feine Würfel schneiden, Hackfleisch und Zwiebeln im heißen Öl anbraten, Paprikamark dazu geben, dann die weiteren Gewürze beifügen. Mischung wenden, cross braten, kleinen Schluck Wasser dazu geben und alles auf kleiner Flamme „köcheln" lassen (10 Minuten), nach Bratende feingehackte Petersilie hinzu geben. Füllung abkühlen lassen.

Aus den vorbereiteten Teignocken mit angefeuchteten Fingern jeweils 1 „Hohlkegel" ausformen (etwa 0,5 cm Teig-Stärke, doch stabil genug), mit 1 Esslöffel Füllung versehen, die Öffnung zudrücken.
Etwa 20-30 Grießtaschen entstehen.

Währenddessen einen Topf mit 2 Litern Wasser zum Kochen bringen, ½ Esslöffel Salz hinzufügen. Grießtaschen vorsichtig ins simmernde Wasser einlegen, 10 Minuten ziehen lassen, bis sie oben schwimmen. Nicht zu viele auf einmal in den Topf geben, damit die Grießtaschen nicht aneinander kleben. Lieber auf zwei Durchgänge verteilt kochen, falls der Topf kleiner ist. Abschöpfen, danach abtropfen lassen.

Gewürzt wird mit frischen oder getrockneten Gartenkräutern: Petersilie, Minze, Schnittlauch, gern auch Kerbel, Rosmarin, Korianderlaub, Estragon, Liebstöckel.

Heiß servieren. Bei zwei Durchgängen den ersten heiß halten oder zwei Töpfe gleichzeitig nutzen.

AUBERGINEN-SCHICHTAUFLAUF

4-6 Personen I Zubereitungszeit: ca. 60 min

Zutaten
3 Auberginen
500 g Tomaten (frisch oder aus der Dose)
800 g Fleisch (Bio-Rind oder -Hähnchen)
1 große Zwiebel
1 kg Reis (Basmati- oder Wildreis)
½ EL Himalaya-Salz
2 EL Instantbrühe
Rapsöl zum Braten
200 g Pinienkerne und/oder gestiftete Mandeln

Gewürze
4 Lorbeerblätter
1 Stange Zimt
2 Prisen gemahlener Zimt
1:1-Gemisch aus Piment und schwarzem Pfeffer (alles gemahlen)
Paprika mittelscharf, gemahlen

Wissenswertes
Die geschälten Samen aus dem Zapfen der im gesamten Mittelmeerraum kultivierten Pinie sind in der Vollwerternährung sehr wichtig. Das liegt beispielsweise am hohen Gehalt an Ölsäure (39,1 %) und Linolsäure (46,5 %).

Die rohen Tomaten kurz blanchieren und dann die Haut abziehen. Die Tomaten in Scheiben schneiden. Zwiebel schälen und würfeln.

Das Fleisch in kleine Würfel schneiden, soweit es dies nicht schon vorher ist (Hackfleisch), und in einem großen Topf (2-3 Liter Fassungsvermögen) mit etwas Öl im eigenen Saft anbraten, dann 30 Minuten mit etwas Wasser (versetzt mit 1 Esslöffel Instantbrühe), Zwiebel, Lorbeer und Zimtstange schmoren.

Mit einem Möhrenschäler Längsstreifen in die Auberginenschale ziehen und die Auberginen in 2 cm dicke Scheiben schneiden. Auf Küchenpapier die Scheiben gut trocknen, einseitig salzen, in Pfanne mit heißem Öl goldbraun anbraten, auf einem neuen Stück Küchenpapier sehr gut abtropfen lassen.

Wenn das Fleisch fast gar ist, Tomaten und Auberginenscheiben sowie 1-2 Esslöffel vom Piment-Pfeffer-Gemisch (je nach gewünschter Schärfe und persönlicher Vorliebe) hinzufügen. Das Gemisch köchelt auf kleiner Flamme ein.

Reis kalt abwaschen, in Sieb abtropfen und mit in den großen Topf einfüllen, dazu 750 ml kochendes Wasser (versetzt mit 1 Esslöffel Instantbrühe, einer Prise gemahlenem Zimt und einer Prise gemahlenem Paprika) geben. Sprudelnd kochen ca. 20 Minuten lang bei mittlerer Hitze, bis das Wasser verkocht ist (nach ca. 15 Minuten kommt über den Topf ein sauberes Küchentuch, welches den Wasserdampf aufnimmt). Hitze reduzieren, Resthitze nach Kochende für das Nachquellen des Reises nutzen, bis alle Flüssigkeit verkocht ist.
Pinienkerne und/oder Mandeln mit wenig Öl in einer kleinen Pfanne rösten.

Das Hauptgericht ist heiß zu servieren, wenn die Flüssigkeit verkocht ist (aber bevor es anbrennt!), indem alles wie ein Sandkuchen auf eine Servierplatte umgestülpt wird.
Dies geht so: Auf einem Backblech oder einem großen Kuchenteller stürzt man den Inhalt des Topfes mit einem Schwung so, dass der Reis jetzt unter dem Fleisch-Gemüse-Mix ist. Obenauf streut man die Pinien-Kerne. In Deutschland gaben wir diesem Gericht den Namen „Umkipp".

Hierzu schmeckt sehr gut ein frischer Salat der Saison oder Tsatsiki (500 g Naturjoghurt, ½ geriebene Gurke, 1 geriebene Knoblauchzehe, gehackte Minze & Petersilie, etwas Salz).

TIPP
Für eine vegetarische Variante können anstelle des Fleisches Kartoffeln oder Champignons verwendet werden.

Maria

FLADENBROT MIT HACKFLEISCHGEMÜSE-BELAG

4-6 Personen | Zubereitungszeit: ca. 30 min

Zutaten
500 g Hackfleisch (Bio-Rind)
4 große Gemüsezwiebeln
1 große rote Paprika
5 größere Tomaten oder Dosentomaten
6 TL Rapsöl
½ Bund Petersilie, glatt
12 Stück Fladenbrot „Al Baraka" (aus dem arabischen Feinkostladen)

Gewürze
½ EL Himalaya-Salz
¼ EL gemahlenes Gemisch aus schwarzem Pfeffer und Piment 1:1
¼ EL scharfer Paprika

Wissenswertes
Fladenbrot, den orientalischen Klassiker, gibt es als helle (Weizen) oder dunkle (Vollkorn) Variante.

Gewaschene Tomaten mit scharfem Messer kreuzweise schlitzen, mit heißem Wasser kurz blanchieren, schälen.

Zwiebeln schälen. Paprika waschen, Stiel und Kerne entfernen. Alles grob würfeln, Petersilie grob schneiden.

Gemüsewürfel, Petersilie und 250 g Hackfleisch im Mixer pürieren. In einer Schüssel Mix mit dem restlichen Hackfleisch ergänzen und die Gewürze hinzufügen. Mischen und mit dem Öl verrühren.

Fladenbrote halbieren und mit je einem Esslöffel Hackfleischgemüse bestreichen. Achtung: Belag auf die „blasse" Seite streichen.

Auf zwei vorbereiteten Backblechen im vorgeheizten Ofen bei Mittelhitze (220 °C) goldbraun backen.

Zu diesem Gericht schmecken sehr gut Tsatsiki und grüner Salat nach Saison und Vorliebe!

TIPP
Schon mal Raki - arabischen Anisschnaps, auch „Löwenmilch" genannt - probiert?

ARABISCHER KARTOFFELAUFLAUF

4 - 6 Personen | Zubereitungszeit: ca. 60 min

Zutaten
2 kg Kartoffeln, mittelgroß
5 große Fleisch-Tomaten
2 große Zwiebeln
½ Bund Petersilie, glatt
1 kg Hackfleisch (Bio-Rind)
2 EL Rapsöl

Gewürze
½ EL Paprika scharf
½ EL Himalaya-Salz
½ EL scharfer Pfeffer
½ EL Tomatenmark

Sättigungsbeilage
500 g Bulgur
150 g Fadennudeln
1 EL Instantbrühe
2 EL Rapsöl
1 Prise Himalaya-Salz
1 EL Butter

Die rohen Kartoffeln in Scheiben schneiden und in Wasser legen, damit sie nicht braun werden.
Petersilie und Zwiebeln fein hacken.
Tomaten blanchieren, schälen und in Scheiben schneiden.
Auflaufform bereitstellen, mit Öl ausstreichen.

Hackfleisch mit Salz, Pfeffer, Paprika und den gehackten Zwiebeln sowie der Petersilie mischen und gut durchkneten.

Nun in einer Ebene im Wechsel Kartoffelscheiben, Hackfleisch und Tomaten in die Auflaufform schichten, beginnend am Außenring der Form nach innen, bis die Form voll ist.

Ofen vorheizen bei voller Hitze (ca. 250 °C) und mit Umluft.

Die restlichen Tomaten werden oben auf die Mischung gelegt, etwas Salz über alles gestreut und mit ca. 200 ml kochendem Wasser für die Soße übergossen. Das Tomatenmark der Soße hinzugeben.

Auflaufform unten in den Ofen stellen. Die Hitze trocknet die Mahlzeit hier nicht so aus, es wird mehr „gekocht", trotz Umluft.

Bei 220 °C goldbraun garen (ca. 30 Minuten).

Serviert wird heiß.

Für die Sättigungsbeilage gießt man zunächst das Öl in eine Pfanne, welche auf dem Herd erhitzt wird.
Im heißen Fett brät man die Nudeln unter Rühren ca. 5 Minuten an, bis sie glasig werden. Dann einen Esslöffel Butter und Bulgur hinzugeben, rühren …
Kochendes Wasser dazu geben, ebenso die Brühe und Salz.

Wenn die Flüssigkeit zu kochen anfängt, auf Mittelhitze reduzieren. Dann alles köcheln lassen (ca. 10 Minuten), bis alles Wasser eingekocht ist. Regelmäßig rühren, damit nichts anbrennt!

Mit frisch gehackten Kräuter der Saison, besonders reichlich Petersilie, Thymian, Minze, Liebstöckel, Korianderkraut, servieren.

ARABISCHE PIZZA

vegetarisch | 4–6 Personen | Zubereitungszeit: ca. 90 min

Zutaten
Für den Teig:
500 g Mehl (Weizen, Dinkel oder Vollkorn) für je eine Belag-Variante
100 g Rapsöl
100 g Butter oder Rapsölmargarine
¼ EL Himalaya-Salz
1 Btl. Hefe trocken oder 1 Stück frische Backhefe

Für den Belag:
4 große Gemüsezwiebeln
1 Dose geschälte Tomaten (Abtropfgewicht ca. 250 g) bei Sesam-Variante
2 EL Rapsöl
1 EL Tomatenmark
1 EL Paprikamark
200 g Sesam oder 200 g Pistazien-Sumak-Sesam-Mischung „Zater"

Gewürze
½ EL Paprika, scharf
½ EL Baharat, gemahlen
½ EL Salz
½ EL Kreuzkümmel, gemahlen
1/8 EL Sumak

Ein „klassischer" Hefeteig wird geknetet und zum Gehen an einem warmen Ort ca. 30 Minuten zugedeckt ruhen gelassen.

Zwiebeln geschält fein würfeln, in einer Pfanne im Rapsöl goldbraun anbraten.
Sesam bzw. Zater behutsam in einem separaten Topf unter steigender Hitzezufuhr goldbraun rösten (trocken). Achtung: Sesamkörner immer rühren, damit sie nicht verbrennen.

Der Pfanne mit den Zwiebeln nun Tomaten- und Paprikamark hinzufügen, ebenso die Konserventomaten, alle Gewürze und den Sesam. Achtung: Bei der Zater-Variante fallen die Konserventomaten weg.
Die Masse muss geschmeidig zu rühren sein. Alles bei mittlerer Hitze 15 Minuten schmoren.

Der aufgegangene Hefeteig wird noch einmal geknetet und zu einer ca. 0,5 cm dünnen Teigplatte ausgerollt.
Aus dieser Teigplatte werden mit einer runden Schablone, z. B. Rand einer Müslischale wie beim Keksebacken, kleine Pizzaböden ausgestochen. Sie haben dann etwa einen Durchmesser von 15 cm, von denen etwa 9 Stück auf ein vorbereitetes Backblech passen.

Alle „Pizzini" werden mit etwa 1 Esslöffel Belag dünn bestrichen.
Im vorgeheizten Backofen bäckt man die Pizzen bei Mittelhitze (220 °C) etwa 15–20 Minuten goldbraun.
Fertige Pizzen auf einem Rost abkühlen lassen.

Tipp für Eilige oder „Faule": Das ganze Backblech fetten und mit Mehl bestäuben, den Hefeteig komplett ausrollen und belegen, dann nach dem Backen die Pizza zu Stücken zerschneiden. Backpapier als Unterlage geht auch.

Das Genießen der „Pizzini" darf gern als „Fingerfood" geschehen. Lecker dazu ist der Petersiliensalat Tabule (siehe S. 38)!

TIPP
Für die Herstellung der „Manakiesch" genannten dunklen Belagsvariante wird anstelle von Sesam und Tomaten die Zater-Mischung benutzt..

ERBSEN-HACKFLEISCH-TOPF

vegetarisch | 4-6 Personen | Zubereitungszeit: ca. 40 min

Zutaten
500 g Basmati-Reis (Taiba)
500 g Erbsen (tiefgekühlt oder frisch)
500 g Hackfleisch (Bio-Rind)
1 große Zwiebel
2 EL Brühpulver instant
30 g Rapsöl
200 g gehackte Pinienkerne/Mandeln (auch beides gemischt)

Gewürze
½ EL Zimt
½ EL Himalaya-Salz
½ EL weißer Pfeffer
½ EL Paprika scharf

Zwiebel würfeln, in heißem Fett (Hälfte der Menge) glasig anbraten. Hackfleisch dazugeben, weiterbraten, kräftig rühren, dazu Salz, Pfeffer und Paprika. Kräftig durchrühren, 2 Esslöffel Wasser dazu, vollständig garen.

Separat Pinienkerne in heißem Fett goldgelb rösten. Das Fett sollte am Ende möglichst aufgesogen sein, eventuelles überschüssiges Fett auf Küchenkrepp abtropfen lassen.

Zum Hackfleisch die Erbsen geben. Alles köchelt mit geschlossenem Deckel 15 Minuten, zuletzt Zimt beimengen.

Während das Fleischgericht schmort, wird der Reis angesetzt:
In einem großen Topf gewaschenen Reis mit heißem Fett anbraten. Das Brühpulver in 1 Liter heißes Wasser geben. Die Brühe unter kräftigem Rühren in den Topf gießen. Die Hitzezufuhr wird reduziert und der Reis köchelt so lange (10- 15 Minuten), bis das Wasser vollständig aufgesogen wurde.

Die fertig gegarten Bestandteile werden abschließend in einer großen Auflaufform in fünf Lagen wie folgt eingeschichtet: Reis - Erbsen/Hackfleisch - Reis - Erbsen/Hackfleisch - Pinienkerne.

Der Duft, der nun der Küche entströmt, ist einzigartig!

Frischebeilage: Tsatsiki oder Gemüsesalat der Saison.

Malfuf

GEFÜLLTES GEMÜSE

4 - 6 Personen | Zubereitungszeit: ca. 120 min

Zutaten

500 g Hackfleisch (Bio-Rind); vegetarische Variante: weglassen
500 g Basmati-Reis (z. B. Taiba); vegetarisch: mehr Reis & Zutaten
2 EL Tomatenmark
1 EL Instantbrühe
400 g oder 1 Dose stückige, geschälte Tomaten (Konserve)
Saft einer unbehandelten Zitrone
100 g Butter
5 Knoblauchzehen

Für die Füllfrüchte:
ca. 6 große Tomaten
6 Paprika
8 - 10 kleine Zuccini & für vegetarische Variante: kleine getrocknete Auberginen
4 Gemüsezwiebeln
200 g Weinlaub-Blätter
2 EL Rapsöl
2 EL gekörnte Brühe

Gewürze

½ EL schwarzer Pfeffer
1 EL Paprika scharf
1 EL Sumak-Gewürz
1 EL Himalaya-Salz

Füllfrüchte waschen, aushöhlen (den Deckel dabei behalten), Zuccini mit einem Riffelschäler behandeln.

Füllung aus Hackfleisch, eingeweichtem Reis, 1 Esslöffel Tomatenmark, Tomatenstückchen, Zitronensaft, Pfeffer, Paprika, Salz, Sumak, gepresstem Knoblauch und Öl kneten. Gemüse füllen und zigarrengroße Weinblattrouladen wickeln. Achtung: Weinblatt liegt zum Rollen immer mit dem Stielansatz nach unten auf der Arbeitsfläche und die geaderte Blattseite ist sichtbar. Ein Teelöffel voll Füllung kommt mittig aufs Blatt, dann Seiten einschlagen und alles nach oben straff rollen. So bleibt die Form während des Garens erhalten.

Weinblattrouladen in einen großen Topf straff einschichten, Butter erhitzen und dazugeben. Obenauf stülpt man einen umgekehrten Teller und gießt ca. 1 l heißes Wasser, in das 1 Esslöffel Tomatenmark und 1 Esslöffel Instantbrühe eingerührt wurden, an. Auf kleiner Flamme gar köcheln.
Am Ende der Garzeit muss das Wasser vollständig vom Reis aufgesogen sein. Je nach Menge und Größe der Blätter Garzeit 30 - 50 Minuten.

Füllgemüse ebenso in separatem großem und geschlossenem Topf mit heißem Wasser bedecken und mit einem Schuss Rapsöl 30 Minuten lang köcheln. Fond mit 1 Esslöffel Instantbrühe abschmecken.
Die Garprüfung erfolgt mit einer Gabel.

Zum Anrichten kann man die entstandene Gemüsebrühe separat servieren, z. B. als Vorsuppe mit etwas geröstetem Brot. Außerdem schmeckt je nach Saison noch frisches Gartengemüse dazu: Radieschen, Kohlrabi, Paprika, Salat und viele frische gehackte Kräuter.

TIPPS

Bei der vegetarischen Variante einfach das Hackfleisch gegen 1 Bund großblättrige Petersilie, 3 Lauchzwiebeln und 1 große Zitrone tauschen. Der Anteil des Tomatenmarks bzw. der stückigen Tomaten erhöht sich, so dass wieder genug Füllung zur Verfügung steht.
Auberginen längs habieren, mit Reisgemisch füllen und zusammensetzen. Dazu passen Rotwein oder frische Zitronenlimonade.

Weinblätter kann man fertig eingelegt erwerben oder selbst vorbereiten: Weinblätter mit heißem Wasser blanchieren. In einem fest verschließbaren großen Glas (2,5 Liter) werden die blanchierten Weinblätter eingeschichtet. Bevor sie fest gepresst werden, streut man immer großzügig Salz (für ein 2,5-Liter-Glas braucht man ca. 250 g Salz) dazwischen: 1 Lage Blätter (ca. 25 Stück), viel Salz, 1 Lage Blätter, viel Salz … fest pressen und so fortfahren, bis das Glas randvoll gefüllt ist. Mit Salzwasser übergießen (ca. 250 g Salz auf 1 Liter Wasser). Deckel obenauf schrauben, ohne Lufteinschlüsse!

Galatet Batata

KARTOFFELSALAT

vegetarisch | 4-6 Personen | Zubereitungszeit: ca. 45 min

Zutaten
2 kg Kartoffeln
1 großes Bund Petersilie, glatt
1 Bund Lauchzwiebeln
Saft von 2-3 unbehandelten Zitronen
200 ml Olivenöl
Frische Kräuter der Saison, z. B. Minze

Gewürze
½ EL Paprika extra scharf
1 EL Himalaya-Salz

Kartoffeln garen, schälen, in Würfel schneiden, in eine große Schüssel geben.

Petersilie vom Stiel trennen und klein schneiden (nicht zu klein).

Lauchzwiebeln waschen, putzen, in kleine Würfel schneiden, Zitronensaft zugeben und mit Salz, Paprika und Öl vermischen. Kräftig rühren.

Tomaten, Radieschen oder andersfarbige attraktive Früchte zur Garnierung einsetzen.

TIPP
Eine interessante Kombination bietet sich an, wenn die Linsensuppe Schorba Adaas (siehe S. 10) als Vorsuppe serviert und genossen wird.

Fatet Hommus

KICHERERBSENAUFLAUF

vegetarisch | 4-6 Personen | Zubereitungszeit: ca. 30 min

Zutaten
4-6 Fladenbrote „Al Baraka" (aus dem arabischen Feinkostladen)
1000 g Naturjoghurt weiß
250 g Sesampaste „Tahina"
2 Zehen Knoblauch
Saft einer unbehandelten Zitrone
500 g Kichererbsen, Konserve oder gegart
1 EL Olivenöl
1 EL Rapsöl
frische Petersilie, getrocknete in entsprechender Menge

Gewürze
½ EL Himalaya-Salz
½ EL Paprika scharf
½ EL Kreuzkümmel

Fladenbrote in 3x3 cm große Chips schneiden, im vorgeheizten Backofen kurz toasten (5 Minuten).

Joghurt mit Zitronensaft, Salz, Rapsöl, Sesampaste und geriebenem Knoblauch zu einer geschmeidigen Soße vermischen.

Man lässt die Kichererbsen aus der Dose vor Weiterverwendung gut abtropfen und schichtet dann abwechselnd Brot - Kichererbsen - Soße, bis alles verteilt ist. Den Abschluss bildet eine Soßenschicht.

Die Oberfläche wird mit einem Löffel geglättet und nun mit den Gewürzen Paprika, Kreuzkümmel, Olivenöl und Petersilie garniert. Auch Früchte und Kräuter der Saison eignen sich zur Garnierung.

Wissenswertes
Ein sättigendes „Blitz-Gericht", das seinen markanten Geschmack der Sesampaste verdankt.

TIPPS

Als zusätzlicher geschmacklicher Höhepunkt können gestiftete Mandeln oder Pinienkerne (beide geröstet) auf der Oberfläche verteilt werden.

Für eine nichtvegetarische Variante 250 g Hackfleisch mit einer Zwiebel, Pfeffer, Salz und etwas Zimt anbraten und oben als letzte Schicht aufbringen (vor dem Garnieren!).

Falafel

KICHERERBSEN-DONUTS

vegetarisch | 4 - 6 Personen | Zubereitungszeit: ca. 60 min | zusätzliche Vorbereitungszeit: 24 h

Zutaten
500 g Kichererbsen
½ EL Backpulver
1 große Zwiebel, fein gehackt
4 Zehen Knoblauch, gepresst
1 Bund Petersilie, glatt
½ l Rapsöl zum Frittieren

Gewürze
½ EL Koriander
½ EL Kreuzkümmel
¼ EL Paprika scharf
¼ EL Pfeffer oder Baharat
½ EL Himalaya-Salz

Kichererbsen 24 h in Wasser quellen lassen, danach pürieren.

Im Standmixer püriert man gehackte Zwiebel, gepressten Knoblauch und kleingeschnittene Petersilie gemeinsam mit dem Kichererbsenpüree sowie allen Gewürzen mindestens 10 Minuten zu einem glatten Teig. Diesen in einer Schüssel mit Backpulver vermengen.

Mit dem Portionierer formt man Falafel und bäckt sie goldgelb im heißen Öl aus (ähnlich Kräppelchen). Jede Falafel braucht wie bei den süßen Donuts in der Mitte ein Loch, durch welches das Öl sprudelt.

Falafel auf Küchenpapier abtropfen lassen, so frisch und heiß wie möglich verspeisen.

Sehr lecker schmecken dazu frische Gurke, Fatusch, Tomate … am besten mit einem Dip aus weißem Joghurt oder Sesampaste.

TIPP
Den Portionierer für die Donuts erhält man in einem arabischen Spezialladen.

Itsch

BULGURSALAT

vegetarisch | 4–6 Personen | Zubereitungszeit: ca. 30 min

Zutaten
250 g feinkörniger Bulgur
2 EL Tomatenmark
1 EL Paprikapaste scharf
1 Bund Petersilie, glatt
3 Lauchzwiebeln
1 Gemüsezwiebel
2 EL Olivenöl
½ EL Himalaya-Salz oder Instantbrühe
3 EL Rapsöl zum Braten

Gemüsezwiebel hacken und in Rapsöl andünsten, dazu Tomatenmark und Paprikapaste geben. Immer rühren. Mit der Brühe (300 ml kochendes Wasser vermischt mit Salz bzw. Instantbrühe) ablöschen, kurz aufkochen (2 Minuten). Topf von der Hitzequelle nehmen, unter Rühren Bulgur einstreuen, zugedeckt 15 Minuten quellen lassen.
Feingeschnittene Lauchzwiebel und Petersilie hinzugeben. Olivenöl unterrühren. Alles gut durchmischen und auf Servierplatte umgestülpt („gestürzt") servieren.

Tabule

ARABISCHER PETERSILIENSALAT

vegetarisch | 4 - 6 Personen | Zubereitungszeit: ca. 25 min

Zutaten
4 große Fleischtomaten
1 große Zwiebel
Saft zweier unbehandelter Zitronen
1 Salatherz
1 Granatapfel
500 g frische Petersilie, glatt
100 g Bulgur, kleine Korngröße
3 EL natives Olivenöl

Gewürze
1 EL Sumak
1 Bund frische Minze
1 EL getrocknete Minze
½ EL Paprika scharf
½ EL Himalaya-Salz

Wissenswertes
Als „Wunderwaffe" der Natur soll der Granatapfel vor Krebs schützen, bei Verdauungsproblemen helfen, den Blutdruck senken, den Alterungsprozess bremsen und potenzsteigernd wirken.

Tomaten und Zwiebel schneidet man fein in Stücke bzw. Würfel und gibt sie in eine große Schüssel. Stängel der Petersilie entfernen, Blätter sehr klein schneiden und gleichfalls in die Schüssel geben. Alle Gewürze werden beigemischt und ebenso Zitronensaft, Öl und Bulgur. Zuletzt wird behutsam alles gut vermengt.

Zum Anrichten teilt man ein Salatherz in einzelne Blätter und garniert damit den Salat, indem man die Blätter in gleichmäßigem Abstand senkrecht in das Gefäß an den Rand steckt. Obenauf streut man die Kerne eines ausgelösten Granatapfels.

Nmura

RÜHRKUCHEN MIT SIRUP UND SESAM

vegetarisch | 4-6 Personen | Zubereitungszeit: ca. 50 min | zusätzliche Vorbereitungszeit: eine Nacht

Zutaten
Für den Sirup:
500g Birken-Zucker (zwei Trinkgläser voll)
1 Pck. Vanillinzucker
3-6 Zitronenscheiben (unbehandelt, Bio)

Für den Teig:
250g Mehl
500g Maisgrieß
5 Bio-Bauernhof-Eier
1 Pck. Vanillinzucker
1 Pck. Backpulver
150g Birken-Zucker
250g Naturjoghurt
250ml Rapsöl
100g Kokosraspel
150g Sesamkörner
1 Prise Himalaya-Salz

Sirupzutaten mit 500 ml Wasser mischen. Mischung kochen, bis das Zitronenfruchtfleisch aufgelöst ist, dann beiseite stellen, über Nacht abkühlen lassen, damit das Zitronenaroma durchzieht. Sirup durch ein Sieb abseihen.

Die Eier in eine große Schüssel geben und schaumig aufschlagen.
Zucker und Vanillinzucker hinzu geben, anschließend Öl und Joghurt, danach das mit Backpulver vermischte Mehl und 1 Prise Himalaya-Salz. Kokosraspel, Sesam und Grieß unterheben für geschmeidigen Teig. Achtung: Je 3 Esslöffel Sesam und Kokosraspel zurückhalten für die Zwischen- und abschließende Garnierung des Kuchens.

Teig vor dem Backen 15 Minuten stehen lassen. Falls der Grieß zu stark quillt, etwas Wasser hinzugeben (Rührteigkonsistenz).

Auf einem gefetteten Backblech wird der Teig verteilt und breit gestrichen, darüber wird etwas Sesam gestreut.
In den vorgeheizten Ofen kommt der Kuchen kurz bei voller Hitze (250 °C) (7 Minuten), dann bäckt man ihn bei 180 °C (20 Minuten) mit Umluft goldbraun.

Direkt aus dem Ofen heraus schneidet man noch auf dem heißen Backblech den Kuchen in Stücke und übergießt ihn mit dem kalten Sirup.

Im Anschluss überstreut man die ganze Teigplatte mit Sesam und Kokosraspel. Dann abkühlen lassen.

Das Aroma des Sirups kann variiert werden, wenn statt Zitronen Limetten oder Zimt verwendet werden.

ARABISCHER KALTER KUCHEN

vegetarisch | 4–6 Personen | Zubereitungszeit: ca. 30 min | zusätzliche Vorbereitungszeit: 5 h

Zutaten
3 Bio-Bauernhof-Eier
250 g Birkenzucker
1 Liter Milch
3 EL Weizen- oder Dinkelvollkornmehl
1 EL Kartoffelstärke
2 Pck. Vanillinzucker
2 EL Kakao
100 g Kokosraspel
2 Pakete Butterkekse (gern Vollkorn)

Die 3 Eier werden in einen großen Topf geschlagen, der Birken- und der Vanillinzucker hinzugefügt und mit der Milch aufgegossen. Mehl mit Kartoffelstärke mischen, Gemisch durch ein Sieb während des Rührens einstäuben, unter ständigem Rühren erhitzen und zum Kochen bringen.

Kräftiges Rühren bringt einen sämigen Pudding zustande. Dann die Menge halbieren. Mit wenig Wasser das Kakaopulver anrühren und der einen Puddinghälfte hinzufügen, so dass eine Art Schokoladenpudding entsteht.

Den Boden der Auflaufform mit einer Schicht Kekse bedecken. Eine Schicht Vanillepudding darüber gießen und verstreichen, so dass alles bedeckt ist. Dann eine weitere Lage Kekse auslegen und mit Schokoladenpudding bedecken. Dessen Oberfläche glatt abziehen. Wenn noch Kekse und Pudding übrig sind, diesen Vorgang wiederholen, bis alles aufgebraucht ist.
Zum Schluss als Garnierung obenauf Kokosraspel streuen.

Vor dem Servieren 5 Stunden kaltstellen.

Halawe bel Dscheben

GEFÜLLTE GRIEßSTANGEN

vegetarisch | 4-6 Personen | Zubereitungszeit: ca. 90 bis 120 min | zusätzliche Vorbereitungszeit: 2 h oder mehr

Zutaten
250 ml Sahne
250 ml Kondensmilch
400 g Frischkäse, naturell
2 EL Birkenzucker
3-4 EL Stärkemehl in wenig warmem Wasser aufgelöst
100 g gehackte Pistazien

Für den Teig:
250 g Hartgrieß
250 g Zucker
1 EL Orangenblütenwasser (aus dem arabischen Feinkostladen)
4 Stück Mozzarella-Käse, abgetropft

Wissenswertes
Orangenblütenwasser entsteht als Nebenprodukt bei der Destillation von Knospen der (Bitter-)Orangenblüte. Sein Haupteinsatzgebiet ist ähnlich wie beim Rosenwasser die Aromatisierung von Süßspeisen und Gebäck.

Für die Füllung in einem großen Topf unter Zufuhr mäßiger Hitze Sahne, Kondensmilch, Frischkäse und Zucker verrühren, alle Zutaten vollständig auflösen, Stärke hinzufügen, kurz aufkochen. Kräftig rühren für eine geschmeidige Bindung der Masse. Von der Kochstelle nehmen, mindestens 2 Stunden abkühlen lassen.

Für den Teig Wasser, Zucker und Grieß zusammen in großem Topf unter Rühren zum Kochen bringen und nachquellen lassen. Topf vom Herd nehmen. Mozzarella-Käse in kleine Würfel schneiden. In den Grießbrei das Orangenblütenwasser geben, rühren. Käsewürfel hinzugeben und im Grießbrei zum Schmelzen bringen: bei mäßiger Hitze homogen rühren, am besten mit Holzlöffel. Klümpchenbildung und Anbrennen vermeiden!

Wenn der Teig abgekühlt und schnittfest ist, unterteilt man ihn in ca. 7 Einzelstücke.
Ein Stück Frischhaltefolie zur Hälfte mit einem Teigstück belegen, die andere Folienhälfte darüberklappen und den Teig mittels Nudelholz auf ca. 1 cm Stärke auswalzen.

Die obere Folie wegklappen. 3-4 Esslöffel Frischkäsefüllung, gut abgekühlt und darum standfest, mittig als Strang auf jedem Teigstück platzieren.

Die untere Folie hilft mit, eine Rolle zu formen, ähnlich der Herstellung einer gefüllten Biskuit-Rolle. Es ist etwas knifflig, aber schaffbar.
Am Ende werden vorsichtig die Rollenstirnseiten zugedrückt, damit die Füllung drinnen bleibt.
Die fertigen Rollen hebt man vorsichtig auf eine Servier-Schale und kann sie mit Zuckersirup (Rezept Nmura, siehe S. 40) beträufeln und mit gehackten Pistazien garnieren. Die Rollen in Stücke von ca. 3-5 cm Länge schneiden und servieren.

Diese köstliche Süßspeise rundet als Dessert ein Mehrgangmenü ab oder überzeugt im Alleingang mit starkem Kaffee oder Tee.